Kamarsis

Cuando desnudé mi vergüenza
y la transformé en amor a mí, a ti, a la vida

Kamarsis

Cuando desnudé mi vergüenza
y la transformé en amor a mí, a ti, a la vida

Celia Marín Pérez

TEXTOS
Celia Marín Pérez

PORTADA
Lily Vainylla (@lilyvainylla_)

MAQUETACIÓN
Andrea Gómez Expósito

NÚMERO DE EDICIÓN
Primera

EDICIÓN
Postdata Ediciones

ISBN
978-84-19411-76-1

DEPÓSITO LEGAL
V-1501-2024

0. Kamarsis

Y me desnudé y descalcé
Hasta que pudiera mostrarte
Todas mis vergüenzas
Esas por las que he llorado
Me he machacado
Y me he atormentado

Y también esas que he escondido
He desvalorizado
Como si no me pudieran pertenecer
Que he dejado de lado
Siempre para después
Siempre dejando a mi ser para después

Luego te fuiste
Y me quedé sola frente a ellas
Y me las mostré a mí
Las miré y las sostuve
Hasta que me rendí ante mí

Esto es lo que me pasó
Así fue
Esto es lo que soy
Así abrázame
Las tomé
Me acepté
Comprendí mi vergüenza
Pero por favor.
Me pedí a mí.
Sal de ella.

Porque la vida te está pidiendo a gritos
Que la vivas
A manos llenas
Sin esfuerzo
Sin freno

La vida ya la tienes para ti
De verdad que es más sencillo vivir

Porque tu esencia
No ha venido a estar encerrada
Ha venido a ponerse al servicio
A entregarse y a recibir
A crear y soltar

Y así desnuda y descalza
Me encontré
Transformé mi vergüenza en amor
Me purifiqué, liberé y transformé desde el alma
Y es que me amé
Y entonces volviste y pude amarte
Y volví a mirar y amé a la vida
Ocurrió la Kamarsis
La catarsis del amor.

1. La vida es cambio

La vida es cambio.
Lo veo a mi alrededor
En el sol al amanecer
Y al atardecer.
Lo veo en el cielo
En sus nubes, en su color
En sus aves y vientos.
En las estaciones del año
Que marcan los ciclos
Y en los seres vivos.
En el propio cuerpo del ser humano
Al envejecer
Desde el embarazo al anciano.

Lo veo en mí
Por dentro y por fuera.
Lo veo cada día en mis oleadas
De diferentes emociones.
En mis redes de pensamientos
Que van y vienen,
Y cómo cambian según crezco
Mis creencias,
Mis Aprendizajes y experiencias,
Y mis tomas de conciencia.

Ocurre en el universo vivo
Que todo se mueve
Nada es estático
Todo gira y gira entre sí unido.

Pero yo quiero aferrarme
A algo seguro y fijo
Un amor
Una amistad
Una casa
Un trabajo
Todo para siempre.

Olvidándome de que la vida
No es siempre
Va y viene
No es siempre
Es presente.

En ese presente de construir
Crear cada día
Con entrega de lo mejor de mí
Dar y recibir sin medir
Amar
Compartir
Conocerse, crecer,
Evolucionar
Elegir consciente
Cómo vivir.

2. Ahora

Ahora tengo menos
Pero me llena más

Ahora valoro mi tiempo
Y lo dedico a quien quiero

A mí
A ti
Un poquico solo
Es eterno

Ahora disfruto de ser madre
He vivenciado por fin
El arte de admirarlas crecer
El arte de dejarme y dejarlas ser

Ahora disfruto de mí
He vivenciado por fin
El arte de admirarme en soledad
El arte de dejarme ser y dejar ser a los demás

Ahora siento que vivo
No que sobrevivo
Que de esta película soy la protagonista
Y que soy yo quien dirijo

Que esta aventura de la vida es muy intensa
Que de verdad el cielo está en la tierra

Ahora soy más de dar
Ya no espero, sino que entrego,
Ya no desespero, sino que suelto
Y en ese vacío fértil, crezco

Ahora creo que la vida es bonita
Que el amor está en los abrazos
Que no pasan los días
Sino que cada día es un regalo

Ahora voy al encuentro del otro
No por el ansia de la necesidad
Sino por puro placer
De llenar, de llenarme de belleza
Amor, experiencia

Ahora cada presente
Soy consciente del agradecimiento
También de lo que se me ha dado
De que ya somos
Con todo, ya me valoro

Ahora sigo sintiendo miedo
Y vuelvo a caer en la rabia y la tristeza
Pero no las tapo, ni las ignoro
Las miro de frente, me veo
Las medito y las transformo
Con ellas me transformo

Ahora siento que acepto
Que no lucho por cambiar
Que no quiero controlar lo inevitable

Sólo fluir en lo irrefrenable

Ahora estoy más fuera
De todos los ideales
De mi guión de vida
Abierta a crear
Tan libre, tan viva

Ahora soy
Ahora aquí estoy

3. Amar-tizar

Es como amar-tizar
Aterrizar en otro planeta
Con otra forma de vivir
Otra forma de amar.

Es como conexionar
Conectar en canal a todos los niveles
Con un lenguaje propio, único,
Otra forma de compartir y confiar.

Se trata de mostrarse tal cual eres
Con tu todo arriesgarte
Apostar por la vida
Dejarte fluir vulnerable.

Se trata de abrirte a ser
Sin juicios al otro
Sin quererlo cambiar
Sumergiéndote en la intimidad.

Donde se expresan las necesidades,
Nos hacemos cargo de nosotros
Sin exigir lo que queremos recibir ni comparar
Dando sin esperar.

Hay niñ@s jugando
Aprendiéndose auténticos
Curándose las heridas, meditando la vida,
Desde sus adultos atentos.

Hay entrega a la experiencia
En un equilibrio dinámico
Que abraza la incertidumbre y la soledad
Paso a paso presente y presencia.

Es nuestro amar-tizar
Aterrizarnos con el alma en el alma
Amar-tizar
Amarnos en la eternidad.

4. Hasta que se duerma la vida

Nos elegimos
Una y otra vez
Desde aquel día
En la más pequeña cima.

Creíamos que lo sabíamos todo
Y entonces comenzaba una vida
Dentro de una vida.

Allí se despertó la fuerza de la naturaleza
La energía desbordada por los poros
El incendio de todos los chakras
Las palabras que brotan como llamas
Las miradas que respiran el océano
Las manos que aprietan el tiempo

Una fuerza nos lleva
Cada día al otro
Como un impulso
Hasta cuando nos desconectamos
Y necesitamos encontrarnos.

Está claro
Que la vida tenía su propio plan
Nos había conectado
Y una vez que esto ocurre,
Que la vida te explota en la cara,
Puedes tomarlo o mirar para otro lado
Ya sabiendo
Que todo lo demás sabrá a corcho mojado.

Y nos tomamos,
Ese conectar con el presente
Esa libertad de ser y estar sin más
Esa entrega sin juicios
Con el alma abierta
Esos niños jugando
Descubriéndose tanto amor
Esos adultos meditando
Agradeciéndose haberse encontrado.

Con plena conciencia
Asumiendo todas las consecuencias
A pesar de los miedos
Abrazando la incertidumbre
Confiando en nosotros
Con muchas ganas de crear
y compartir
Infinita ilusión de vivir.

Y ahora decidimos elegirnos cada día.
Nos elegimos ante el mundo
Hasta que se duerma la vida.

5. No necesito

No necesito alas
Para volar
Vuelo al abrazarte
y respirar.

No necesito barco
Para flotar
Floto al cerrar los ojos
Y unida a ti meditar.

No necesito fuego
Para calentarme
Solo pensar en ti
Se prende por dentro.

Ya no necesito energía
Para fluir
Emanan de mí manantiales
Al rendirme a ti

Siento que ya no necesito
Seguir buscando
Cómo sanar mis heridas
Sentir cómo me amas
Llenarme de tu amor
Y llenarte a ti con el mío
Me sana el alma.

6. Sonreírle al destino

Me desnudo ante el fuego
Para quemar lo viejo
Me descalzo ante él
Para abrirme a lo nuevo

Llevo mi pasado grabado en mi piel
Ahora cuando me miro
Me sé reconocer
Y sé lo que quiero perder

Esta mente que me vigila
Sus expectativas que me anudan los pies
Y no me dejan dar pasos tranquila
Sus pensamientos que me hacen de menos
Y no me dejan vivir sin peso

¡¡¡No te necesito ya!!!
¡¡¡No me vigiles más!!!
Ya puedo cuidarme yo sola
Y elegir consciente quién me puede ayudar
Déjame abrazar lo que soy
Lo que humildemente tengo
Déjame sentir, recibir a corazón abierto
Que la gente me quiere
Me admira, me valora
Sí, me valora

¡¡¡Justo lo que no haces tú!!!
Que siempre me persigues
Mostrándome mis faltas, lo que no hay,

Lo que no tengo, lo que no soy,
Siempre comparándome dejándome
Siempre por debajo,
¡¡¡No me compares más!!!
No quiero estar arriba,
¡¡¡Ya nooo!!!
¡¡¡Sólo quiero vivir!!!

Lo sé, me has traído hasta aquí
Gracias
De corazón gracias
Ahora ya sigo yo
Solo quiero sonreirle al destino
Confía en mí
Ahora ya decido yo

7. Ya no quiero esforzarme más

Ya no quiero esforzarme más
Para que me quieras

No quiero invertir cada momento
En pensar cómo hacer
Para agradarte
Para complacerte
Para que me mires
Para que me elijas
Para no molestarte
Para ser muy buena
Para ser la mejor y perfecta
Ya decido que no, lo siento.

Ya me he cansado de esa parte de mí
Quiero descansar de mi personaje
Quitarme de mi piel tatuado su traje

Ya no quiero más
Estar mendigando el amor
Tener que poner mucho de mí
Para recibir un poquito de ti
Y es que cuando me esfuerzo
No veo todo el amor que tengo
Que no es poco ni mucho menos
Sino que todo me parece pequeño

Es más
Cuando soy yo la que no me quiero
Me juzgo y no me riego

El amor no puedo verlo
Está ahí
Pero me bloqueo y no puedo

Creo que ya lo he entendido
No se trata de sacrificarme
para que me quieras
Se trata de que solo siendo yo
el amor me llega
Que abriéndome a no medir el amor
Que doy de vuelta
El amor viene a raudales y me zambulle entera

Es más
No se trata de perder de mí
Para que me quieras
Es justo al revés
Cuanto más me quiero yo
Y más gano de mí
Más nítido se hace tu amor.

Me nutre
Me lleva en volandas plena
Ya no hay lucha ni venganza
Ya se acabó contra el mundo la guerra
(La vida está esperando ahí fuera)

Me quieres porque sí
Por cómo soy
Y no me quieres porque sí
Por cómo soy
¿Entonces qué estoy haciendo

Con tanto esfuerzo?
Es así de fácil esto
No hay nada que pueda hacer de más
Ni nada que pueda hacer de menos
¿Para qué esforzarme siendo?

Solo quiero ser yo y ya está
Y quererte
Y que me quieras sin más

8. Hilo de seda

A veces voy a pensar
que me he equivocado
Que fue un error
Aquella decisión del pasado

Cómo saber ahora si tengo la razón
Si me detengo y lo pienso
Por qué enfadarme con mi yo
Si él solo hizo lo que creía mejor

Además, si miro más
Con más calma
Más profundo
Quizás ya no vea un error

Quizás descubro
Que fue el amor

Que no fue solo el miedo
Lo que me hizo decidir
Que no fueron solo mis creencias limitantes
Lo que realmente me hizo actuar así

Quizás descubro
Que fue el amor

Ese amor que siento con tanta fuerza por los demás
O ese amor que
A veces solo me quiero dar a mí
¿Y quién dice que eso esté mal?

¿Cómo llamar error donde puse amor?
¿Dónde puse todo lo mejor de mí?

Quizás el resultado de aquella decisión
¡Ahora me duele!
Y mi mente busca desesperada la explicación,
¡Busca la razón!
¡Quiere algo que no puede ser
Quiere de la vida el control!

Y miro otra vez, más profundo.
Con más calma me nutro,
Y me doy cuenta de que
Debajo de todo lo que pierdo,
Más allá de todo lo que me duele,
Tengo mucho que agradecer
Por lo que sí hay en mi presente

Y sé que no puedo construir otro pasado
Ni asegurar el futuro
Sólo soy en el presente
Y no hay otra tarea más
Que disfrutar de cada encuentro
De cada momento
Construyendo más consciente cada paso
Dando forma a lo que sí tengo delante
Tan valioso

Entonces quizás pueda cambiar mi cuento
Y donde veía una equivocación
Ver una oportunidad para valorar lo que pierdo
(Antes no me daba cuenta de su valía)

Una oportunidad para vivir otra realidad
Una oportunidad de abrirme realmente al presente
Y agradecer que todavía
Hay un hilo de seda que me ata a la vida
Un hilo de seda hecho de amor por la vida

9. Soy yo en cada amanecer

Cuando haces lo que quieres
Lo que te grita el alma
Es como saltar y volar.

Cuando te atreves a la vida
Ya no hacen falta planes
Ni cumplir expectativas.

Es un abrirte el pecho
Dispuesta a vivir
Lo que suceda
Sea lo que sea.

No necesito nada
Lo tengo todo
Me tengo a mí
Soy yo en cada amanecer
¿Qué más quiero ser?

10. Amarte y que me ames sin miedo

Te quiero libre,
Independiente,
Volando tu vuelo
Dicidido y pleno.

Me quiero libre,
Independiente,
Volando mi vuelo
Decidida y plena.

Pero a veces no puedo evitarlo,
Te necesito a ti
Quiero poder tenerte para mí
Que me acompañes, que me cuides
Llenarme de ti.

Y es que quizás no sea a veces,
Quiero tenerte siempre,
Quiero ser tu nido donde te llenes.

Y es que ya sé ser y estar sola,
Ya me quiero,
He aprendido de qué estoy hecha,
Y de dónde vengo, o eso creo,
Y aquí estoy construyéndome a cada paso nuevo.

Pero irremediablente evitarlo no puedo,
Prefiero la vida contigo,
Lo que me brota súbitamente del alma
Son las ganas de amarte y que me ames sin miedo.

11. Amo estos nuevos tiempos

Se derrite el tiempo
Y ya no recuerdo
cuándo dejamos de ser
Dos cuerpos.

Siempre vuelve el columpio
De este frenesí,
Dando la vuelta completa
De nuevo dice sí.

Amo estos nuevos tiempos.
Te quiero.

Deja que te mire
Que te grave en mi memoria
Deja que te mime
Desde esta calma con sabor a euforia.

¿Será infinito?
¿Será la suma de mil vidas
que explotan en un grito?
¿Será la vida que nos arropa
En este presente tan rico?

12. La semilla

Esa fuerza que me impulsa
A lo nuevo
A descubrirme en otros lugares
Con más vida, más tiempo.

Esa fuerza que me impulsa
A la incertidumbre
A echarme a volar, confiar,
Con más entrega, más esencia.

Sentir que me salgo
De todos los moldes establecidos
De todos los sueños que ya no son propios
Capa a capa
Paso a paso
Avanzando por el camino.

Sentir que voy desnudando
Descalzando
Ante la vida,
Para la vida
Para vivirla.

Es una vuelta al origen
Al Ser, al Todo
Descubrir dentro de ti
La semilla:
Amor y Presente.
Vida.

13. Las cartas de la vida

Y se atraviesa en el pecho
Y no puedes respirar
Te falta el aire
Pero todavía no te permites llorar

Te duele hasta el oxígeno que inhalas
Te duelen hasta los huesos por dentro
Arrastras los pies
Por esta vida que ves pasar

Y tu mente no puede parar
Recrea lo que ya no será
Repite sin compasión lo perdido
O te castiga volviendo una y otra vez a eso que perderás

¿Y si además te das cuenta que lo has perdido
Por tus miedos?
¿Y si además te das cuenta que lo has perdido
Porque no te das voz a tiempo?
¿Y si además te das cuenta que por ti todo es?
Que no hay a quien echar la culpa esta vez

¡¿Cómo puede ser?!
¡¡¡¿Tanta conciencia para qué?!!!
Quise jugar a ser consciente
Y el miedo se llevó todas mis cartas otra vez.

Que me hago pequeña hasta volver a ser niña
Que quiere que todo el mundo esté bien
Y decido pensando en los demás

Sacrificando mi querer auténtico
De nuevo siendo complaciente
Desde el yo debo

Tengo rabia por no poder volver atrás
Tengo tristeza por no haber sido capaz
Mucha impotencia por ver la realidad
Que solo puedo aceptar
No hay más

Y rompo a llorar
Me permito soltar
Y patalearle a la vida
Y enrabiarme por idiota
¿Por qué es tan caprichosamente jodida?

Veo mis personajes
Bien disciplinados
Cómo salen a salvarme
Vienen a darme un viejo honor
Que ya no quiero
¡Ya no quiero tener la razón!
¡Ya no quiero darle a los demás todo mi amor!

Ahora solo quiero salir yo
Sin caretas
Darme valor
Mirarme
Meditarme
Desde la calma amarme
Honrar mi vida y a mi manera de vivirla

¿Cuándo encontraré el equilibrio
De amar a los demás y amarme a mí?
¿Dónde escribí la receta del sentido?

Y es que quise jugar a ser consciente
Y no fue el miedo,
Fue el amor por los demás
También por mí
Quien voló las cartas de la vida
Y dejó nada
Para volver a echar una partida.

14. ¿Cuándo te vas a permitir ser feliz?

¿Cuándo te vas a permitir
Ser feliz?
¿A qué estás esperando?
¿Quién te tiene que dar el permiso?
¿Estás viva? ¿Estás aquí?
¿Qué más puedes pedir?

Quizás la vida te ha hecho mucho daño
Y sientes rabia porque es injusto para ti
O quizás hayas hecho tú daño
A quienes amas
Solamente por vivir
Y, claro,
Tienes que pagar
Restándote de solo vivir.
¿Cuánto?
¿Hasta cuándo?
¿Lo has decidido ya?
¿Cuál es el peaje de tus decisiones?
¿Cuál es el propio castigo
Que tú misma te impones?

¿Puedes aceptar
Que la vida te puede hacer daño sin más?
¿Que tu vida también, tus decisiones,
Pueden hacer daño a los demás?
¡Sí, puedes hacer daño y es normal!
¿Puedes dejar ya esa expectativa imposible
De querer complacer a todo el mundo?
¿De querer reparar todo el mal?

¿Eso para qué?
¿Para que no te dejen de querer?
A veces no puede ser.

Respira,
Esto también forma parte de la vida.

Ahora me doy cuenta,
Me estoy quitando de vivir
Me estoy yo misma castigando
Negándome a ser feliz
Me escondo si me siento feliz
Porque en el fondo pienso
Muy adentro
Que no me lo merezco
¡¿Pero qué reglas tan absurdas son éstas?!
¡No las quiero!

Yo solo quiero vivir sencillamente.
Vivir en paz
Amar sin esperar
Con el pecho abierto para respirar
La mirada al frente llena de amor
Si con esto te hago daño por vivir
Lo siento
Ahora sí
Me permito ser feliz.

15. Nuestros seres entregados

A veces siento que no necesito mirarte
Para amarte
Que te amaría con solo escucharte

A veces siento que no necesito escucharte
Para amarte
Que te amaría con solo mirarte

A veces siento que no necesito
Ni mirarte ni escucharte para amarte
Que te amaría con solo tocarte

Pero es que a veces siento
Que no necesito tu cuerpo
Para amarte
Que amo profundamente a tu ser
Etéreo y completo

Que cuando tu ser se entrega a mí
A través de tu cuerpo
No es solo tu cuerpo
El universo entero se alinea para mí
En un lugar infinito y un momento eterno
Que cuando mi ser se entrega a ti
No es solo mi cuerpo
El universo entero conspira feliz

Son nuestros seres entregados
Unidos amándose
Amándonos

16. Te estoy meditando

Te estoy meditando
En este malestar que me detiene
En esta lucha de no querer sentir
Lo que viene.

Que me quita mi calma
Que me deja con el pecho presionado
Y mi garganta anudada.

Te estoy meditando
Para poder aceptarlo
Para poder abrazarte así cual eres
Sin exigirte cambio.

Y sostener el desequilibrio
Entre lo que imaginé
Y lo que ahora es.

Te estoy meditando
Para entender por qué tu amor
No me es suficiente
¿Qué me falta que no puedo darme yo?

Y poder amarme
Sentirme confiada y poderosa
Libre, auténtica, amada
Diosa.

Te estoy meditando
¿Por qué te necesito tanto?

¿Por qué mi alma te anhela tanto?

¡¡¡Y no puede coger lo que sí vivimos!!!
¡¡¡Y no se centra en lo que sí disfrutamos!!!
¡¡¡Y no se queda en el presente compartido!!!

Y en ese proceso a fuego lento
De comprender que en nosotros hay todo,
Que no somos ideales que somos reales.

Y en ese proceso de construir la vida
En esa balanza perpetua
Que busca el equilibrio
Entre expresar la necesidad
Y aceptar lo que hay
En nuestro aquí y ahora eterno y vivo.

Te estoy meditando
Y me enfado al mirarme
Y descubrirme
Que te quiero tanto,
Que se me olvida amarte.

17. Nos entregamos

Subo a lo más alto
De tu alma de montaña
Te muestras árbol
En sereno y firme equilibrio vivo

Te sigo confiada y entregada
Por senderos infinitos
Sin miedo a perderme
En tus profundidades
Y si me pierdo
Respiro, porque contigo
No hay tiempo

Arriba sol
Abajo luna
Silueta cortada en el cielo
O profundidades oscuras
Todo unido
Preciosamente entrelazado
En cuevas de agua y fuego

Bañados de luz y sombra
Hacemos el camino
De testigos los búhos y las estrellas
Nos entregamos al destino

18. Cuando nadie

Cuando nadie abrazaba
Te abracé

Cuando nadie besaba
Te besé

Cuando nadie acariciaba
Te acaricié

Cuando nadie se veía
Te vi hasta el alma

Cuando nadie escuchaba
Te escuché

Cuando nadie sonreía
Sonreí

Cuando nadie confiaba
Confié

Cuando nadie tenía valentía
Me atreví

Cuando nadie sentía más que miedo
Sentí tanta vida

Cuando todos soñaban
Encontré mi realidad

Cuando nadie amaba
Te amé

19. No querer romper la vida

No es lo mismo asomarme al río
Mirarlo desde la orilla
Tocar el agua con la mano
O quizás meter un poco el pie,
Que meterme enterica en él
Verlo desde dentro
Profundizar en su agua todo el cuerpo
Que te abrigue
Y nadar y jugar con su vaivén.

Así como que no es lo mismo
Asomarme de puntillas a la vida
Mirándola desde la orilla con miedo
Como si no hacer nada me salvara
De todos sus males e injusticias
Creyendo que si prudentemente
No salgo al peligro
No me arriesgo,
No me hará daño
No me llevará sin control la corriente.

Así he sido mucho tiempo
Como un pequeño tronco varado en la orilla
Enganchado a un matorral mi ser
Que resiste a ser arrastrado por lo que es.

Hasta que confié
En la vida, en mí,
En todos, en todo,
Y solté,

Me solté de ese matorral de mí
Que ya solo me pinchaba
Y me privaba de vivir.

Dejé de asomarme a la vida
Para meterme entera a vivirla
Y vi que si confías,
El agua encuentra los mejores caminos
A veces me lleva la corriente
Y no pasa nada
Está bien curarse y cuidarse
De vez en cuando mis propias heridas

Durante mucho tiempo me pregunté
Quién me prohibió
Zambullirme en mi río,
Lanzarme a la deriva
De este río que ahora me abriga,
Y no lo sé
Si fueron los demás o fui yo
Lo que ya sé
Es que no es lo mismo
No querer romper la vida,
Que la vida te rompa por no vivirla.

20. Te echo de menos

Te echo de menos
No desde la desesperación
Sino desde un recuerdo tierno
Un recuerdo que para el tiempo.

Te echo de menos
No es que esté mal sin ti
Estoy bien, me encanta escribir
Pero tu alma me hace mucho sentir.

Te echo de menos
Porque aquí y ahora es siempre sagrado
Cuando el amor es desnudado.

Te echo de menos
Y no me avergüenzo
Lo grito a los 4 vientos
No puedo evitar que te quiero.

Te echo de menos
Me gusta respirarte el cuello
Me gusta notar tu calor
Me gusta acariciar tu piel
Meterme entre tus rincones
Bajar los escalones contigo
Y rendirme a lo prohibido

La vida me ha llevado a tu lado
Si viene la muerte
Que me lleve a tu lado.

21. Cuando duele

Cuando duele
¿Cómo escapar del dolor?
¿Cómo esconder ese nudo en la garganta?
¿Cómo arrancarte eso que te bloquea el pecho?
¿Cómo taponar la herida que sangra sin control?

No hay forma de escapar
Tu cuerpo lo grita por dentro
Y aunque te esfuerces por ocultarlo
Todo tu ser te pide que lo mires
Que te pares y te cures adentro.

Y si no lo haces
No te paras a mirarte
Duele más
Tu mente no te deja en paz
Te hace creer que hagas lo que hagas
No te vas a poder curar.

Y si lo haces y te paras a mirarte,
Te dejas sentir el dolor hasta el alma
Ahí ocurre la magia,
La herida no se cura para siempre
Pero sí cicatriza un poco más
Deja de sangrar
Porque has podido ponerte cuidado,
Compasión hacia ti
Has podido poner atención
Aceptación
Has elegido ponerte amor.

22. Creando contigo

¿Hay algo más ilusionante
Que crear?,
¿Que sentirme viva
Para crear?

¿Hay algo más apasionante
Que crear?,
¿Qué sentirme libre
Para crear?

Sí lo hay.
Imaginarme que lo hago
Contigo,
Y hacerlo contigo,
A tu lado,
Acompañando
tu crear
Y tú el mío.

Así vivos
Libres
creando juntos
Creando contigo.

23. Entiendo

Entiendo que me quieras poderosa,
Plena y libre,
Entiendo que quieras
Que no te necesite.

Entiendo que quieras que me enfrente
A mí, a mi soledad,
A mis luces y sombras
Y que traspase ese dolor hasta la paz.

Entiendo que me quieras presente,
Disfrutando de mi vida,
Aprovechando el regalo
De todo lo que tengo a mi lado.

Te entiendo amor, de verdad,
No puedo quererlo yo también más.

Pero a veces no puedo,
Veo la vida muy difícil,
Y me siento insegura, incapaz,
Débil, me hago muy pequeña
Me vacío, me desvaloro
Hasta el abandono.

Y anhelo tu cobijo
Ir a tu nido a que me arropes un poquico,
Sentir tu amor
Comprensivo y compasivo.

Sentir en tu abrazo
Que aunque arduo, espinoso,
Complicado y angustioso,
Que todo está bien así
Que me amas y me aceptas con todo.

24. Para sanar una herida

Para sanar una herida
Hay que volver allí
A ese lugar
Con el alma abierta de ti.

Volver a ese lugar
donde la mente tantas veces te llevó
Y construyó tanto dolor
Te contó tantas veces que no había amor.

Volver con el alma abierta
Ahora ya en calma
Llena de amor
Y de la mano acompañada.

Entrar y dejarte llevar, confiar,
Atravesar todas las emociones,
Una parte o todo llorar,
Para después abrir los ojos a la vida
Más ligera, respirar.

Sentir cómo sueltas dolor
Cómo sueltas pasado
Cómo te liberas de tu carga
Abrazar a la niña y a la adulta,
Acompañarte,
Amarte.

25. El llanto de la felicidad

Miro tus ojos buscando la verdad
Y miro tus labios buscando la realidad
¿Es verdad que estoy viviendo esto?
¿Es real que me muera y resucite
En cada uno de tus besos?

Y de repente no lo puedo asimilar
No me cabe dentro
Tanta dicha
Tanto gozo
Y lo quiero atrapar
Mi ego lo quiere asegurar
Lo quiero encapsular
Quiero que dure toda mi vida
Todo mi tiempo
Y entonces sin darme cuenta
Me paso de la dicha al miedo

¿Para qué el miedo?
¿Para qué la seguridad?
¿Para sacarme de la felicidad?

Me saca del presente
Me hace desconectar
Me hace perderme la vida
Que pasa por delante de mí ahora ya.

Una sonrisa se dibuja en mi boca
Y brota de mí el llanto de la felicidad

¿Para qué quererlo para siempre
Si lo grandioso es que lo tengo ahora,
En el presente?

Es abrumadoramente simple,
El presente es lo único que existe.

26. Ser mujer, estar como mujer

Te voy a contar una historia,
Que es de ti, de mí, de la humanidad
La historia de la mujer
El porqué de su lucha por la igualdad.

Desde hace miles de años
La mujer ha sido considerada inferior
Ha sido tratada como persona
Que no tenía derecho a ser igual ni mejor.

No la dejaban estudiar
No la dejaban votar
No la dejaban trabajar
Ni elegir si quiera su ropa
Ni amar en libertad.

Todavía hoy
Aunque se haya avanzado muchísimo
Queda mucho por recorrer,
Hay lucha por hacer.

Todavía las mujeres ganan menos dinero que un hombre en el mismo trabajo. Consiguen peores trabajos aun estando igualmente formadas. Todavía hoy la mujer ocupa menos cargos públicos, puestos de dirección, de responsabilidad y de poder.

Todavía la mujer es discriminada en herencias y sucesiones. Todavía hoy es menos dueña de terrenos, propiedades e importantes posiciones.

Todavía se hace responsable a la mujer de ser la encargada de cuidar. Todavía hoy se le asigna el papel de ocuparse de los más vulnerables de la familia, sin remuneración ni decisión.

Todavía la mujer es vista y tratada como un objeto sexual. Todavía hoy es obligada a casarse sin amor y a no poder amar en libertad.

Todavía hoy la mujer sale con miedo a la calle por lo que le pueda suceder. Todavía hoy hay violencia machista, violencia recibida por ser mujer.

Por lo tanto, tenemos una dura realidad en el mundo, aquí y ahora, sin pretender que sea ofensa: La mujer es más vulnerable, más pobre y más indefensa.

¿Entiendes ahora la lucha?

La mujer es diferente al hombre
Biológica, social y culturalmente,
No es una lucha para ser idénticos,
Cada uno es bellamente hermoso así
En su masculinidad y feminidad,
Ni para combatir con el hombre
Ni para despreciarlo o hacerlo de menos.

La lucha es para que la mujer
Pueda ser y desarrollarse íntegramente,
Con sus hermosas características y potencialidades,
Que pueda decidir su vida como ella quiera,
Que se le reconozca y pueda sentir el valor que tiene toda entera.

En definitiva,
Que se reconozca su papel esencial en este mundo,
Que tenga los mismos derechos,
Las mismas oportunidades,
Y que sea tratada con el mismo respeto.

Que no se le pida más
No se le dé de menos,
Solo se le deje ser y estar,
Ser mujer,
Estar como mujer,
Por humanidad.

27. Mi lugar

Y ahora que puedo salir
Vuelvo otra vez a ti
He descubierto el lugar
Donde puedo simplemente ser y estar.

Una vez que conectas con lo tuyo
Con lo propio y único de tu lugar
Humildemente te entregas a él
Lo integras a ti, puro.

Lo reconoces parte de ti,
Te reconoces parte de su engranaje,
Te arrodillas a su particular belleza,
Te abres a su pertenencia.

Lo aceptas, lo admiras,
Lo compartes, lo sanas,
Lo sientes, lo escribes,
Lo amas tal y como es.

No lo enjuicias
Ya no lo cambiarías
Ya no lo comparas
Lo agradeces, lo disfrutas, lo cuidas.

Ahora que puedo salir
Lo elijo, me elijo,
Al lugar donde vivo,
Vuelvo a mi lugar
Vuelvo a mí.

28. Ama

Ama el lugar de donde eres
Y amarás cualquier lugar del mundo

Ama tu historia
Y amarás la historia de la humanidad

Ámate a ti mismo
Y amarás a los demás

Y entonces dejarás de buscar un lugar
Y dejarás de buscar una misión
Dejarás de buscarte entre las sombras
Y, entonces, te encontrarás en la inmensidad.

29. No hay forma escrita

Cuando nos abrimos al amor
Saltamos al todo
A poder experimentar a la vez el cielo
Y el infierno

La irrefrenable fuerza del te quiero
Conlleva otra fuerza paralela
Igualmente imparable
La del ego y sus celos

Es sentir que mi yo contigo se alinea
Nuestros yos se reconocen
Es sentir que yo soy mejor
Mi tiempo aquí y ahora es mejor
Mi vida, mi todo es mejor

Y también que en el conflicto contigo
El mundo se rompe bajo mis pies
Que mi yo pierde toda su estructura
Que mi tiempo aquí y ahora se vuelve sufrir
Mi vida, mi todo ya no es vivir

El amor como la vida es todo
Sufrimiento y gozo
Y no hay forma escrita para amar
Y no hay nada que podamos controlar

Solo me he dado cuenta de algo
Cuanto más me amo yo
Más siento tu amor

Y te amo yo a ti,
Cuánto más soy yo,
Más libre, más pura, más esencia,
Al gozo estoy más abierta
Y la vida se vuelve una fiesta

Porque me da igual si a veces sufro
Amarme y amarte es tan mágico
Que no puedo frenarlo

Es sentir el sol atravesándome
Dándome toda la fuerza para ser yo
Para ser capaz de saltar a mi libertad
Y acunarme en mi paz

Me hace río que encuentra su camino
El camino que yo siento como mío
Hace que mi alma vibre
En cada latir
Que viva cada instante eternamente
Ya aquí,
Sin tiempo
Sin fin.

30. Entre tus besos

Y yo, que buscaba mi esencia,
Me encontré con la tuya
Y entonces dejé de buscar,
La encontré.

Y yo, que buscaba amarme,
Me reconocí amándote
Y entonces me amé,
Mucho más de lo que nunca imaginé.

¿Y qué puedo hacer
Si me encanta estar contigo
Si me llenas la vida
En cada respiro?

¿Si solo tu presencia
Hace todo más intenso,
más bonito
Si tu ser me alucina
Y me mantiene encendida?

¿Y qué puedo hacer
Si a tu lado he visto la libertad
La he acariciado
Y besado
Y palpitado?

¿Me he visto volar
Y a la vez flotar en el océano
Fluyendo tranquila y confiada

Respirando?

Me he descubierto diosa
Tan poderosa
Dominando la línea de la tierra y el cielo
Entre tus besos.

31. No quiero esta guerra

Pensaba que nunca viviría
una guerra,
pero ya estaba
en ella.

Ya nací en un bando,
no había sido nunca tan consciente,
ya nací luchando
sin saber que mataba
a cada paso.

Veia las guerras lejos,
en otros países,
veía las guerras cerca,
entre partidos,
y no veía que yo era también guerrera
en este ataque contra el planeta.

Ya me he dado cuenta,
nuestra forma de vida,
contaminación,
el trato a los seres vivos,
explotación,
consumo irracional,
insostenible urbanización.

Pero es que yo no quiero
hacerte daño,
si mi único enemigo soy yo,
yo no quiero cada día lastimarte,

me provoca dolor,
yo no quiero destruirte,
si de ti tengo vida,
mi única opción es pedirte perdón.

¡Y es que no quiero esta guerra!
Quiero luchar para cuidarte.
Quiero luchar para cuidarme.
Quiero luchar para salvarnos.
Ser guerrera para amarnos.

32. Eres mucho más

Eres mucho más
Que aquello que me hizo daño.

Eres mucho más
De aquella decisión de ese momento.

Eres mucho más
De aquello que yo veo por tu parte un error.

Eres mucho más
Porque lo he visto
Lo he sentido
Lo he amado
Lo he vivido.

También eres paz
Ternura, puro amor
Sol.

Qué difícil ver el todo
Cuando me ciega el ego,
Qué difícil navegar
Cuando me quitan lo que quiero,
Qué difícil amar
Cuando me cuento
Que ya no me amas
Y me sumerjo en el dolor.

Pero voy aprendiendo
A cada paso, a cada reto,

A ser realmente compasiva,
Capaz de perdonar
Curarme y volver amar.

Voy aprendiendo
Sobre mí
Sobre ti
Sobre el amor
Viviendo.

33. Meditarte

El secreto de la vida
Sin duda es meditar.

Y mi forma preferida
Es meditar contigo
Estar conmigo contigo
Cuando nos habla de amor el silencio
Y nuestra respiración va al tempo.

Me da igual cómo sea
Acariciándonos la arena
O meciéndonos las olas del mar
A la sombra de un árbol
O a pleno sol de la montaña
Al fuego del invierno
O al ventilador del crucero
Con los acordes de la guitarra
O con los versos de mi poesía
En el sofá o en la cama
Me abandono a tu pecho
O a respirar confiada en tu abrazo
Me da igual
En ayunas o en desayunas
Antes, durante o después de comer
Cualquier momento
Hasta nos meditamos el placer
También
Primero lento, hasta que nos queramos doler

El secreto de la vida es éste
Meditarte
Y me da igual cómo meditarte
Hasta cuando estás lejos lo hago
y me sano

Meditarte
Sentir que estando contigo
La vida es más bonita
Me da felicidad y me hace levitar

Creo que se me debe notar al andar
Que siento que mi vida tiene sentido
Porque mi alma vibra contigo

Y me enfrento al miedo a perderte
Siento que si algún día ya no estás conmigo
Ha merecido la pena la vida
Ha merecido la pena amarte
Con todo
Que si me muero mañana
Me moriré tranquila y en paz
Porque me llevaré conmigo
El secreto de la vida
Meditarte
Y al mismo tempo tú meditarme

34. Al mismo tiempo

No soy la mejor madre,
no soy la madre perfecta,
soy madre humana,
imperfecta.

Soy una madre libre de ser
la madre que quiera ser,
persona, mujer.
Con su propia vida
Con su propias necesidades,
Ilusiones, con su propio ser.

Que hace lo que sabe,
Lo que puede,
Y que está aprendiendo
Cada día
Que está construyéndose a ella misma
También en esta vida.

Que a veces da más amor
a sus criaturas que a ella
Que a veces se le olvida
Cuidarse y nutrirse entera,
Olvidándose de lo más importante,
Amarse a ella misma.

Que a veces piensa que comete errores
y cruelmente se culpa
Se hace de menos
Mientras aprende que no se trata de eso

De verse y hacerse víctima,
Sino una guerrera que se reinventa.

¡Para y mírate qué valiente eres!
¡Por tus criaturas aunque sea muy difícil
Intentándolo una y otra vez!

Que a veces siente que no sabe amar
de forma incondicional
Que pone barreras y condición,
¿Y qué puedo hacer?
Más que mirarme con compasión.

Y es que no nos olvidemos
Soy madre humana
Que sigo creciendo,
aprendiendo y
desaprendiendo,
con mis criaturas y de mis criaturas,
al mismo tiempo.

35. Fundirnos con el Todo

No podemos volar
Pero sí somos capaces de avanzar a cada paso
Y con nuestros pies correr
Alcanzando la libertad.

No podemos respirar bajo el agua
Pero sí fluir con el río
Y encontrarnos en nuestro océano
Sintiendo cada día el milagro.

No podemos frenar la muerte
Pero sí alcanzar la eternidad
En cada presencia y presente
Haciendo palpable la paz.

No podemos evitar el lodo
Ni el sufrimiento nuestro ni ajeno
Pero sí ser amor
Para dar, recibir, reparar, mostrar
y fundirnos con el Todo.

36. A veces me pierdo

A veces me pierdo
Y te pierdo
Me enredo en mis heridas
En mi pasado
En mis expectativas.

A veces me alejo
Y te alejas
Me enredo en las diferencias
En lo que espero,
En la ausencia.

Mi lado oscuro
Solo ve tu lado oscuro también
Y en esa oscuridad del infinito océano
Se hace muy difícil ser.

Del centro de mi neurosis
Se abre un mensaje:
Abandona el juicio y pon compasión.
Solo así vuestras barcas a la deriva
Volverán a encontrarse.

Y es que destruyendo los ideales
Está de verdad la vida en realidades.

Mirar lo que hay aquí
Y verlo en su plena belleza
Mirar lo que hay ahora
Y verlo en su plena fortaleza.

Y darme cuenta de que la realidad
Es más preciosa de lo que me conté
Que si me fijo en la oscuridad del océano,
Puedo ver
Que es mejor lo construido
Porque no es humo, es que está vivo
Ya es,
Que al rendirme al presente
Puedo abrazar nuestro crecer.

Y aunque no esté ahora lo que anhelo
La única forma es seguir viviendo
Es amar la vida
Confiar
Es amar, es amarte.

37. Ámame

Siempre he sido más de amar
Que de amarme,
Así que cuando me pides que me ame
Para entonces amarte
Me noto romper
Que eso que me pides
No lo puedo ser.

Siempre he sido más de dar
Que de recibir,
Así que cuando me pides que reciba
Por lo que soy sin más,
Me noto no merecer
Que eso que me pides
No lo puedo sostener.

Es así como tiene que ser.
Lo sé.
Pero acabo de empezar
A amarme
A dejarme recibir el amor porque sí,
Espérame,
Medítame,
Pero no me ayunes,
Acompáñame.
Ámame.

38. Deja de ser mortal

Y me pregunto,
¿Tú qué me estás enseñando,
en este proceso espiritual,
en este cambio de consciencia
en el que ando?

Que quizás vivía perdida
en una fragilidad tan indefensa
que ahora me encuentro,
me cuido,
me comprendo.

Que quizás me até al tiempo,
convirtiéndome en su esclava,
presa de sus planes,
de exigencias autoimpuestas
una cárcel que de mí me alejaba.

Que quizás me enfocaba
en escapar de la muerte,
pero la muerte es la vida,
forma parte de la idea establecida,
sólo si mueres resucitas
Como en una espiral infinita.

Huía de mis errores y fracasos,
como si no fueran de mí,
por eso negaba la tristeza y la rabia,
con rapidez o frustración,
como si fuera posible escapar

de eso que también somos
de verdad.

Y es que estaba negando
el verdadero aprendizaje de la vida
mirar desde la aceptación,
mirar con compasión.

Entonces la vida así huele a libertad
Deja de ser sufrimiento,
Cuando pierdes el miedo a la muerte
se vuelve presente y amor,
deja de ser mortal.

39. Dame cobijo y después vuelo

Me pasa que hoy
quiero quedarme en mí,
hoy quiero vivir en mi pena,
en mi desánimo y tristeza.

Hoy no quiero resistir,
no quiero luchar este momento,
hoy solo quiero llorar
también tengo derecho.

No me apetece ser fuerte,
no me apetece ver la oportunidad
De nada.
Solo quiero abrazarme
Solo quiero permitirme así ser
y de aquí desaparecer.

Y si te lo cuento,
compréndeme,
quítame el miedo a sentirlo,
quítame la culpa,
Acógeme también con esto
Así también soy
dame cobijo y después vuelo.

40. Así llega

Antes del sol
El alba.
Así llega tu beso
Tras sostener nuestra mirada.

Antes de la luz
La noche.
Así llega tu abrazo
Tras sostener nuestros anhelos.

Antes del amanecer
La oscuridad.
Así llega tu voluntad de vivir
Tras sostener nuestras ganas de amar.

41. Ser guerrera para otros

A veces no puedo dar más de mí
Solo me brota llanto y dolor
Necesito rendirme a mi tristeza
Atravesarla yo.

Me siento seca de amor
No tengo nada que entregar
Vacía, Insuficiente
Nada capaz.

Y soy niña
Que no tiene consuelo
Que ansía un poco de cariño
Que la llenen de amor y mimos
Una mano en la espalda
Y caricias en la cara
Que la acompañen
Como lo haría una madre.

Pero me doy cuenta
Que me tengo a mí, adulta,
Para comprenderme
Para cuidarme
Para escucharme
Para perdonarme
Para amarme
Mucho más que suficiente
Así como lo haría una madre.

Ahora yo me puedo cuidar
Como lo haría una madre.

Y no se me olvida
Tengo a todo un ejército de guerrer@s,
A mi alrededor
Guerrer@s que me mandan luz
Que me llenan de amor.

Y así renacer
Y entonces dar de mí,
Mi luz y Mi amor,
Ser guerrera del amor para otros
En el ciclo infinito de dar y recibir.

42. El amor no se puede tener

El amor imposible
Se transforma en posible

Desde ya,
Aquí y ahora,
Con tiempo,
Con risas,
Con palabras,
Compartiendo,
Construyendo paso a paso,
Con almas conectadas,
Viviendo.

Ala con ala
Volando dios con diosa
Ser con ser
Flotando en el universo.

Porque el amor
No se puede detener
Porque el amor
No se puede tener
El amor solo es.

43. Más allá

Más allá de esperar
Como víctima lo que suceda,
Ser guerrero del amor
Que se entrega sin esperar.

Más allá de amar
Queriendo poseer,
Amarte a ti mismo primero,
Para alzar entonces juntos el vuelo.

Más allá del sueño
Creando fantasías inciertas,
Agradecer hoy lo que ya hay
Y crear realidades verdaderas.

Más allá de los límites
Que esta jaula nos impone,
Amanecer cada día dentro
En libertad
Sin rencor, sin culpa, sin miedo.

Más allá de existir
En este lugar y tiempo,
Estar y ser en el presente,
Aquí y ahora vivir.

Más allá de este cuerpo
El alma,
Más allá de esta vida
El universo entero.

44. Qué difícil no esperarte

Qué difícil no esperarte
Y desesperarme
Luchando con mis fantasmas
Con mis miedos y mierdas
Con mi neurosis explotando
En dolor de cabeza

Qué difícil no poder cogerte
No poder agarrarte para mí
Y abrazarte

Qué difícil mirarte
Y no poder expresarte
Tocarte
Cuidarte

Qué difícil encontrar
El equilibrio
Entre acompañar y respetar

Me muestras mis heridas
Más profundas
De rechazo
De no ser suficiente
De sentirme odiada
De sentirme que sobraba

Las reconozco
Las respiro
Las cuido

Me quiero
Y dolorida te quiero

Me asusto de darme cuenta
Que es un amor diferente
Más puro, menos control
Que no te quiere cambiar
Que te acepta
Que tras el relámpago del odio
Te ama así porque sí

Y te espero
Hasta que quieras volver
Y tocarnos el alma
Para amarnos el alma

45. Espérame

Estoy descubriendo
Cómo quererme
A estar conmigo
A solas, presente

Cuando tú no estás
Cuando nadie más está
Divertirme conmigo
Escucharme sin más
Meditar

Es difícil no esperarte
Cuando estoy preparada entera para ti
Es difícil no ansiarme
Cuando tengo tantas ganas de vivir
De vivirte, de vivirnos
Es difícil no desesperarme
Cuando no me quiero suficiente a mí

Espérame a que sepa esperar
Sin desesperar
Espérame a que sepa vivirnos
Sin ansiar
Tú sabes esperar, meditar y ayunar
Yo sé amarte
Y estoy aprendiendo a amarme
Cada día un poquito más

46. La alegría de vivir

¿Quién nos quitó
El derecho a vivir?

Vivir con alegría de vivir
Por estar vivos
Por ser ya ahora y aquí

¿Fueron papá y mamá
Que nos protegieron o desprotegieron
Demasiado
Sin saberlo?

¿Fue el sistema educativo
Que nos alejó
Sin pretenderlo
De nuestro don?

¿Quizás fue la rebeldía
De la adolescencia
Que nos llamaba al juicio
A la lucha cada día
A salvarnos de la crítica?

¿Quizás fue lo que me pasó
Que fue forjando mis heridas
Por las que sangro lento
Cada vez que recuerdo?

¿Quién fue?

¿Quién nos quitó
El derecho a vivir?

¿Quién me quitó a mí
El derecho de vivir
Con alegría de vivir?

No fue nadie,
Fui yo esforzándome por existir.

47. Es cuando

Es cuando me miras
a los ojos,
Y me tocas el alma.

Es cuando estamos cerca,
Que vibra cada célula.
Sin pasado, ni futuro,
Estar, Ser,
En esencia.

Es cuando me escuchas
Con el cuerpo, la mente y el espíritu,
Abiertos en canal.
Es cuando me hablas
Y construyes verdad.

Es cuando sucede lo que es.
Que nos abandonamos al amor.
Que soy libre, que soy yo.
Universo, Todo.
Amor.

48. Sin mis alas

Escondo mis alas
Para que no me vean
Para que piensen que soy normal

Escondo mis alas
Por si se asustan y se van
Por si me juzgan mal

Escondo mis alas de mariposa
En plena metamorfosis personal

Escondo mis alas de hada
Creadora de un presente real

Pero ya estoy cansada de esconderlas
¡No quiero esconderlas más!
Estoy muy cansada ya
¡No quiero ese peso encerrado en mi espalda!

Quiero ser yo y ya está
Sin más
Diferente e igual a los demás
Humana que ama y disfruta la vida
Que se rinde ante Todo
Humana que se ama
Con sus alas
Sin mis alas

49. Mamá

No soy perfecta, mamá,
Lo siento
Yo quería serlo para ti
Quería ser lo que tú querías que fuera
Pero no he podido.
Ya me rindo.

Lo siento
Todo lo que tú me corregías
Todo lo que me comparabas
Todo lo que me juzgabas
No sirvió para hacerme perfecta
Solo para hacerme sentir fatal
Que nunca era suficiente para ti
Me creí que algo en mí estaba mal

No sirvió para hacerme perfecta
Sino para creerme que no me querías como yo era
Y a que yo tampoco me quisiera

Ya sé que eso no era lo que tú querías
Tú solo hacías lo que sabías
Era tu amor hacia mí así
Esforzándose por llegar a mí

No sirvió para hacerme perfecta
Eso era imposible
Pero me sirvió de mucho
Diría que de todo
Porque me trajo hasta aquí

Yo solo soy como soy.
No quiero esforzarme por ser otra cosa
No quiero seguir luchando
Contra lo que quiero
Me cuesta decirlo y creérmelo
Pero ya no necesito ser perfecta para ti
Solo quiero vivir.

Y aquí me encuentro
Dándome cuenta
Que elijo no ser perfecta para ti
Al mismo tiempo que elijo
Que tú tampoco tienes que serlo para mí
Que no tienes que ser
La madre que yo quiera

Mamá
Sé la madre que quieras ser
Eres mi madre
Esa que me ha traído hasta aquí
Esa mujer que llevo en mi sangre
Y en mi forma de ser
Y así te quiero

Mamá
Gracias por este camino
De llegar a mí, a través de ti,
De cómo atravesándote de nuevo
He vuelto a nacer de ti
Ahora a mí

50. Hasta que me volvieras a amar

Cuando te hago daño sin querer,
Me duele el pecho
Se me cierra la garganta
No sé qué hacer.

Me gustaría rápido reparar
Tu dolor y malestar
Pero no veo la forma
Me pongo muy triste y nerviosa.

Ahora lo veo, te lo dije protegiéndome
Lo hice queriendo expresar
Algo que siento, que me duele,
Que necesito y me provoca miedo.

Lo siento, a veces no sé hacerlo.

Soy humana
Con luces y sombras,
A veces más niña que adulta,
Todas soy yo integradamente hermosa.

Y solo me gustaría llegar a esa cabeza
Y ser la arquitecta de su consciencia,
Y llegar a ese corazón dolorido
Y llenarlo de amor calentito,
Poderte acariciar
Hasta el alma,
Para quitarte ese dolor,
Hasta que me volvieras a amar.

51. Nos negamos

A veces nos negamos
El amor
Nos negamos
Vivir desde el corazón

Por miedo
Por evitar el dolor
Por provocar
Caos y destrucción

A veces nos negamos
La oportunidad
Nos negamos
La felicidad

Por amor
a los nuestros
Por no ponernos
primero

A veces nos negamos
Nuestro tiempo
Nos negamos
El océano entero

Nos negamos el querer
Frente al deber

Entonces nos negamos la vida
Que llega con toda su fuerza

Nos negamos vivir
Con toda la pureza

52. El océano entero

Ya no espero nada
Lo sé mirar
Está ahí en la vida
Con pecado concebida

Ya no pido casi nada
Lo hago yo con mis pasos
Con mis manos
De inexperta artesana

No anhelo ni luna ni estrellas
Ya sé como tenerlas
Están a mi alcance en el presente
Tocando el barro del que vengo
Porque no hay cielo sin tierra

Ya tengo todo
Tan solo al mirarme y amarme

No ruego ir de tu mano
Ya sé ir yo sola plena
Y quien me acompaña
Me la brinda vacía pero llena

Ya reconozco mi florecer
Más segura de mí
Más bella
Más mujer
Más animal
Más diosa

Más creadora
Más esencia
Más entrega
Más amor
Más libre
Suficiente
Tan agradecida
Tan llena de vida

Por experimentar tanta maravilla
Por poder andar el camino dolororoso y gozoso
Por sentirme acompañada, deseada, amada
Por amar sin necesidad ni condiciones
Por sentirme creadora y en libertad
Por emborracharme de momentos tan sencillos
Por abrirme a que todo puede suceder cada día
Por sentir que tengo todo para ser en esta vida

No quiero ser virgen en pedestal
Quiero ser diosa terrenal
No quiero que me admiren
Quiero que me toquen
Me sientan hasta adentro
Me vivan con todo
El océano entero

53. Soy paz

Cuando soy capaz de perdonar
El daño realizado
También perdonarme a mí
Por no cumplir las expectativas
Soy paz.

Cuando me doy tiempo
A mí
Me conecto con mi cuerpo
Conmigo, hasta el alma
Soy paz.

Cuando mi forma de relacionarme
Es compasiva, amable,
Amor
Soy paz.

Cuando pongo límites que me cuidan,
Que me protegen,
Que me afirman,
Soy paz.

Cuando vivo disfrutando
Cada paso,
En presente con la vida
Como un todo
Soy paz.

Cuando percibo
Que recibo de vuelta

Todo lo que siembro
Soy paz.

Cuando me veo en tus ojos
Tú igual que yo,
En el mismo océano,
Soy paz.

54. Contemplar

Deja que la vida te lleve
En su presente.
Parar.

Déjate sorprender por ella
De su magia y belleza.
Ver.

Déjate asistir
Al milagro de vivir.
Sentir.

Déjate contemplar.
Meditar.

Y entonces todo se volverá más fácil
Amarte, amarnos,
Amar.
Ser Paz.

55. ¿Por qué para siempre?

Y me preguntas
¿Por qué para siempre?
¿Por qué amarnos para siempre
Si sabemos que solo existe el presente?

Porque para siempre
Es que nos amamos aquí y ahora,
Y también nos apasiona construir realidad
Donde compartamos vida en libertad.

Porque para siempre
Es que no somos algo que creemos pasajero
Algo de dejarse llevar por el momento
Sino que para estar juntos nos falta tiempo.

Porque para siempre
Es sentir que somos infinito océano
Que por nada se acabe
Aunque en cada instante sea eterno.

Porque para siempre
Es agradecer el habernos encontrado
Sentir tanta dicha juntos cada día por crecer
Que te quiero en cada amanecer.

Porque para siempre
Es un impulso a protegernos,
A cuidarnos, ser compañía,
Ser nido donde descansar del vuelo.

Porque para siempre
Es sentir una fuerza irrefrenable
Que me lleva cada día a tu orilla
En un fluir imparable.

Porque para siempre
Es sentir que amamos con todo
Sin condiciones entregar
Que nuestro amor es incondicional.

Y ya lo sabemos
Que es incierto,
Pero quiero amarnos para siempre
En cada presente.

56. Guardiana de mi propio fuego

Y ahora soy guardiana
De mi propio fuego,
Ahora no busco fuera
Lo que hay dentro.

No disparo en automático
Sino que miro primero adentro
Ya no culpo
Sino pongo el amor primero.

Y ahora soy guardiana
De mi propio fuego,
Ahora no busco fuera
Lo que está dentro.

No salgo corriendo a llenarme
A distraerme el tiempo
Ya no huyo de mí
Sino que me amo primero.

57. Eres mucho más de lo que imaginé

¿Dónde estabas tú metido
Que no pude descubrir tu encanto?
¿Dónde estabas tú metido
Que me hiciste esperar tanto?

Mi alma ya te buscaba
Quería jugar libre
Quería mirar a los ojos
Quería comer rico
Quería hablar sin fin
De todo y de nada
Quería ser ruin
Quería reírse a carcajadas
Quería ser todos los animales
Quería con todo amar
Quería ser yo y nada más

Y eres más de lo que soñé
Eres mucho más de lo que imaginé

Más presencia
Más creatividad
Más conexión
Más placer
Más amor

Te amo
Por cómo eres
Por cómo soy cuando estoy contigo
No puedo remediarlo

Cuando estoy contigo
Me siento en mi lugar sagrado
Y en tu lugar sagrado
Podemos pasar hasta adentro sin miedo
Alma con Alma sin tiempo
Eternos

58. Arrancarme

A veces me gustaría
Arrancarme todas las heridas,
No conocerme tanto
Ser más inconsciente
De lo que soy y siento
De mi alma hecha pedazos.

A veces me gustaría
Arrancarme el sufrimiento
No ser cómo soy
No ser tan insuficiente para mí
Ni culparme de todo
Ni no aceptar el presente
Porque duele.

A veces me gustaría
Arrancarme el deseo
De querer tener otra cosa
U otra realidad
Que la niña ya no estuviera
Esa niña que llora
¡Vete ya! ¡No te soporto más!
Déjame en paz.

Y entonces me gustaría
Que saliera el sol
Flotar en mi océano calmado
Que me inundara la compasión
Y sentirme cuidada
Sentirme amor.

59. ¿Por qué no llamarle amor?

¿Por qué no llamarle amor?
Si me quedo mecida en su voz
En sus ojos, en su cuerpo, en su piel
Y hasta en su alma.
Si mi ser es más Ser.

¿Por qué no es amor?
Si es mi ser entero que lo pide,
Se quiere lanzar a amar libre
A vivirnos, a vivirse.

¿Quién le pone reglas al amor?

Él no sabe de reglas
Él es una fuerza imparable
Irrefrenable

El amor es amor
No precisa más explicación
No hay más
Sólo puedo ser yo
Nosotros
Amor

60. ¿Por qué?

¿Por qué no puede ser
Por nosotros,
Por lo que somos?

¿Por qué no puede ser
Por estar contigo,
Aquí y ahora vivos?

¿Por qué no puede ser
Sin tanto pensar,
Solo sintiendo el alma vibrar?

¿Por qué no puede ser
Sin miedo,
Volando libre el cielo?

¿Por qué es tan difícil?
¿Tan lento?
¡Si yo sé ya lo que quiero!

¿Por qué hacerlo por ti,
No es hacerlo por mí?

Si a ti es lo que yo quiero,
Lo que yo siento,
Lo que yo anhelo.

61. Sobra amor de mí

Cuando te sales del camino marcado
Y haces el tuyo propio
Descubres en la vida regalos
Milagros a cada paso.

Cuando haces lo que tu corazón anhela
Entonces sientes que estás en tu sitio
Y que como la montaña
Estás preparada para lo que venga.

Cuando te amas a ti primero
Es tanto el poder que desprendes
Que sientes cómo las dudas, el miedo,
Se hacen tan y tan pequeños.

Cuando eres honesto contigo,
De verdad transparente,
El futuro ya no importa,
El presente es donde yo construyo y vivo.

Cuando saltas hacia ti
Todo cobra sentido
Nada falta
Sobra amor de mí.

62. Me atreví

Me atreví
Cuando perdí el miedo
A quererme

Cuando me amé a mí primero

Me atreví
Cuando me encontré
Entre tanta capa

Cuando me descubrí sincera
Con mi esencia

Y aun así hay rabia
Por no haberlo hecho antes
Por mis decisiones del pasado
Por mi yo que se construyó así
Por mis decisiones que me atraparon
En una vida donde no era feliz

No puedo hacer más que aceptarme
Me queda perdonarme
Reconciliarme con mi pasado
Conmigo
Cogerme, abrazarme y agradecerme
Potenciar lo que traigo hasta aquí
En el presente
Porque todas esas soy yo
Porque todas esas me impulsaron hasta aquí
¿Cómo no seguir?

63. Si se puede morir de amor

Si se puede morir de amor
Yo quiero hacerlo.

Si se puede morir de amor
Quiero hacerlo
dando y recibiendo.

Si se puede morir de amor
Quiero hacerlo
En tus besos.

Si se puede morir de amor
Quiero hacerlo
Con tu sabor,
Con tu olor.

Si se puede morir de amor
Moriré
Llena de ti y de mí.

Si se puede morir de amor
Moriré
Feliz.

64. Exhalo para ser amor

Cuántas veces inhalé
Para recoger
Para llenarme
Para aprender
Buscaba y me buscaba
Y me olvidé de simplemente ser

Cuánto pasado inhalando
No siendo nunca suficiente
Aunque tomara mucho aire
Siempre ahogándome
Resignándome
Anhelando
Sin encontrarme

Hasta que me descubrí
Y me dejé
Con conciencia exhalar
Me liberé para entregarme
Para aportar y compartir

Y exhalé miedo
Exhalé capas y capas
Que ya no me valían
Tantas creencias
Que ya no me pertenecían

Y solté tantas piedras
Me hice tan ligera
Descalza y desnuda

Me contemplé
Exhalando hasta mi esencia

Ahora presencio el milagro
Con claridad revelado
Ahora inhalo para sin esfuerzo ser
Y ahora exhalo para ser amor.

65. Traspasando la piel

Justo ese momento eterno
Cuando me conecto a mí
Cuando te conectas a ti
Y nos sentimos juntos aquí

Cuando tú eres tú
Cuando yo soy yo
Y nos encontramos en ese plano
De admiración, libertad y aceptación
Reconocernos humanos
Rompiendo la dualidad
Conmigo Contigo
Creando la humana conexión

Y me detengo en ese presente
Donde no hay tiempo ni lugar
Donde sentirme y sentirnos
Me llena de tranquilidad
¿Y Por qué no? diría que felicidad.

Y no me hace falta verte
Te llevo de memoria en mi mente
Y no me hace falta apenas tocarte
Llevo tu piel acariciada en mi piel
Y no me hace falta escucharte
Llevo tu vibrar grabado en mi respirar

En ese cielo de paz
Sostenidos por nubes de comprensión
Se respira amor

Es un amor del no hacer
El amor por sólo ser y estar
Sin peros ni condiciones
Cuando decir te quiero
No alcanza a expresar
Ni un te amo
Lo puede igualar.

Sólo queda rendirse a lo que se siente
¿Quizás sea esto lo que vinimos a vivir?
A sentir el alma estremecerse
A sentir todo mi ser
Todo tu ser
Traspasando la piel.

66. La fiesta sorpresa de la vida

La vida es una pura sorpresa
Y es que
Es su naturaleza ser sorpresa

Aunque nosotros queramos
Encerrarla en una agenda
Aunque nosotros queramos
Controlarla como sea
Ella siempre tiene sus propios planes
Ella siempre elabora de la tarta su propia receta.

Y es tan bonita cuando la miras
Con ojos de sorpresa.

Cuando te rindes a tu fiesta sorpresa de la vida
Entiendo que todo forma parte
Que todo está bien así
Que el presente es esa canción
Que cantas gritando
O aquella que te hace sentarte un rato
Pero que, sea como sea, la escuchas con atención.

Cuando te rindes a tu fiesta sorpresa de la vida
Veo amor en cada parte
En las personas que me rodean
Que me ayudan, me sostienen, me quieren
Esas personas que me cogen de la mano
Y me sacan a bailar
(Agradezco tanto que me saquen a bailar…)
Me emociona sentirme mirada, elegida, amada.

Me llena el alma de amor y paz.

Sí que es bonita sí la vida
Con ojos de sorpresa,
Me encanta jugar a encapsular el tiempo
y hacerlo eterno.

Y yo de repente me veo en la pista principal
De mi fiesta sorpresa de la vida
Encandilada por su pureza
Sin miedo a ser como soy
Responsable y decidida
A dar mis propios pasos
Y al mismo tiempo rodeada
De personas que me acarician el alma
Que han venido libremente a mi fiesta
Porque les gusta estar en ella
Conmigo
Incluso la adornan y cuidan con mimo
Admiran mi esencia
Y la aplauden con consciencia

Y yo no sé si reírme o llorar
Me rindo a hacer ambas
Llorar emocionada llena de agradecimiento y amor
Y reír llena de tanta felicidad.

67. Eres tú y soy yo

Eres tú
Quien abre un espacio
Nuevo
Único
Cada tiempo contigo
Cada presente compartido

Donde puedo estar
Sin más
Donde puedo entregar
Mi todo
Mi nada
Sin esperar

Eres tú
Quien me fluye
Sin miedo
Por cada respirar
Por cada poro de mi piel

Bailando conmigo al son
Nuestra música que vence al ruido
Espontánea
Sin atrancar
Nacida del amor.

Eres Tú
Y Soy Yo.

68. Gracias

Gracias por ser
Gracias por estar aquí
Gracias por tu ahora
Gracias por tu esencia
Gracias por tu presencia
Gracias por crear
Gracias por compartir
Gracias por fluir
Gracias por confiar
Gracias por mirar a los ojos
Gracias por creer en ti
Gracias por creer en mí
Gracias por vivir
Gracias por amar
Gracias por amarme
Gracias por reír
Gracias por meditar
Gracias por tu autenticidad
Gracias por abrazar de verdad
Gracias por valorar
Gracias por emocionar
Gracias por construir
Gracias por decidir
Gracias por caminar
Gracias por existir

Gracias a la vida
Por haberte traído a mi ser
Como un preciado regalo
Tan delicadamente elegido y preparado

A veces no me cabe lo que siento dentro
Me siento implosionar
Y te tengo que comer a besos
Hasta encontrar de nuevo la paz

69. Todas las olas son

Ya sé que no te gusta todo de mí
Ya sé que a veces me odias
A veces te alejas
A veces necesitas estar más en ti

Ahí escondido en tus adentros
Navegando con tus miedos, tus dudas, tus anhelos

Ese cerrarse a no compartirte
Ese cerrarse a no llenarte
Bloquear la espiral de dar y recibir
Para parar, tomar tierra y conectarte

Y yo ya no te espero
Te miro y echo de menos tu otra forma
Te odio también a ratos
Pero lo que siento
Es que a esta forma también la quiero

Y entonces me doy cuenta
Que a mí tampoco me gusta todo de ti
Hay formas que chocan con mis heridas
Con las necesidades de mí

Y me doy cuenta que también me pasa
Veo mis patrones
Veo a mi niña necesitada
A la niña frustrada que llora sus miedos
Navegando igual con sus dudas y anhelos

No me daba cuenta
Pero yo también me cierro a la espiral
De dar y recibir sin más
Necesito parar, tomar tierra y conectar

Y entonces siento cómo me odias
En esta forma que te choca tu centro
Pero también cómo me amas
Por abajo de todo lo que te remuevo

Así que los dos estamos igual
Navegando en este mar de olas
Corazones de sal que se pierden entre la arena
Aceptando que todo forma parte
Todas las olas son naturales y de valor
Que todas las olas son

70. La fuerza oscura del te quiero

Y voy viendo la otra cara del amor
Que me va descubriendo mi celo
Y tu celo sobre mí
Esa fuerza oscura del "te quiero"

Celo sobre el cuerpo
De que otros lo miren
O lo toquen o que toques
O lo huelan
La posibilidad de que disfruten con él
O construyan fantasías con él
Atormenta.

Celo sobre el tiempo
De que otros estén contigo
Incluso cuando estás contigo mismo
Y yo no puedo disfrutarte
O disfrutas con otros sin mí.

Porque la vida contigo es mejor
Y yo sufro por no llenarme de ti
Me da envidia que llenes a otros
Y no a mí.

Celo de tu pasado
De que antes no me amaras a mí
Vivieras sin mí, quizás feliz,
Te entregaras a otra persona
Construyeras hogar, familia,
Viajes, regalos, sueños, experiencias

Me da miedo el concurso interno
De si sería mejor vivido que conmigo

Celo de tu futuro
De que no sea seguro para vivirlo conmigo
Que no exista un papel
Que nos asegure el para siempre

Y me doy cuenta de estos enredos
Que vienen de muy adentro
Muy instinto animal
De posesión irracional
Y pensamientos de muy atrás
Transmitidos por el aire
De generación en generación
Todo muy cargado de miedo
Mucho miedo a perderte

Si miro más adentro
Cargado de que yo no valgo lo suficiente para ti

Y no tiene sentido, ni razón
Es una niña muerta de miedo
Por si le quitan su felicidad
Por no querer compartir su secreto
Sin darse cuenta que lo lleva dentro
Que si mira más tranquila
No hay por qué tener miedo
Solo es la vida
¿Por qué no alegrarme de su disfrute?
¿De que su tiempo sin mí sea bonito?
No tiene sentido

Gracias a la fuerza oscura
Del "te quiero"
Perdiéndome y buceando en ella
Ahogándome de rabia y tristeza
Encuentro la fuerza transparente
Del presente

¿Qué más da
Dónde estén sus manos ahora?
¿Qué más da dónde esté ahora
Ocupando su tiempo?

Si para compartirse pleno
Me elige a mí
Si cuando estamos juntos
Respiramos amor
La vida no muere
La vida cobra sentido
La vivimos

71. Y si te hago daño sin querer

Y si te hago daño sin querer
Parece que algo se rompe dentro de mí
Como si el amor se abriera en abismo
Como si me separara conmigo

Y es que me cuesta perdonarme
Me encantaría volver atrás
Me cuesta aceptar que esa fui yo
Sí, la que te dañó

Quiero borrar esa palabra,
Ese gesto, la idea originaria
¡Pero no puedo!
Me consumo por dentro.

Me entra un miedo atroz
Que ya no sea igual
Que no podamos reparar ni sanar
Este maldito desazón.

No me permito fallar
No me permito dañar
Me da pánico
Que no vuelvas a confiar.

Y trato de mirarme con mis heridas
Trato de sostener este malestar
Trato de aceptarme con todo
Amarme con compasión

Sostener que al vivir puedo hacer daño
Y es normal
Y natural
Forma parte de la vida
Del amor
Y que podemos seguir navegando
En nuestro mar

Aceptar que ya no será igual
Porque atravesar juntos este oleaje
Nos dejará un aprendizaje
Que formará parte de nuestro equipaje
Nos impulsará a aprendernos
A construir juntos nuestro puerto

72. Si es amor

Te quiero amar sin reloj
Como si no hubiera nadie más
A nuestro alrededor
Como si no hubiera nada más que hacer
Como si solo existiéramos
Nosotros dos

Y tirarme y zambullirme de ti
No te preocupes.
Ya sé respirarte a pulmón.
Y me encanta bucearte
Y que me bucees
Uno al otro los dos

Y encender ese fuego
Que no apaga el agua
Para calentarnos el alma
Que me tomes una y otra vez
La temperatura
En este frío del invierno
Bajo las mantas

No pido mucho, ¿verdad?
O quizás lo pida todo
Poderte amar a chorro
Y que tú me ames a chorro
Sin control
¿Para qué controlar el amor,
Si es amor?

73. Te haces daño

Veo insultos
intolerancia a otros pensamientos,
veo odio
a lo que es diferente a tu entendimiento.

Una lucha cruzada de palabras,
o de imágenes que ridiculizan,
que visten de risa
lo que es una gran puñalada.

Haces daño
al que crees tu adversario,
en un campo de juego
donde no se gana nada.

Tratas de convencer,
desesperado,
de tu forma de ver,
pero es que yo soy libre,
(tú eres libre también)
de lo que quiera creer.

¿Por qué tanta lucha
Para que los demás
Crean en lo que tú crees?
¿Que te den la razón
En lo que con tanto esfuerzo defiendes?

Intento comprender tu dolor,
el que te lleva a actuar con tanto daño,

te logro mirar con compasión,
pero solo una cosa me gustaría
que fueras consciente
de que tú también te haces daño
te provocas dolor
pintando tu camino de ese color.

¿Por qué necesitas
Qué igual que tú
Lo pinté yo?
¿Lo ame yo?

74. Los dictados de mi Yo

Y me arrancaste las expectativas
Y me arrojaste desnuda a la vida
Y yo que creía que sería feliz
Sólo de una forma
Me abriste la posibilidad
De ser feliz a cada ahora.

No me estaba dando cuenta
Que era esclava y víctima
Que perseguirlas todo el tiempo
Me llevaba al sufrimiento
Que me alejaba de valorar la realidad
De apreciar la abundancia de ser y estar ya.

No me estaba dando cuenta
Que estaba menospreciando
Lo único que hay,
El presente,
Que estaba infravalorando
La magia de construir paso a paso.

Construir algo nuevo
Inventarnos una vida dentro de una vida
Para nada más que vivirla
Nacida de la maravillosa incertidumbre,
De la increíble magia
De que todo puede suceder
Con tantas formas y caminos
De felicidad y plenitud
Llenos de la seguridad

De un amor vivo.

Y sin ideales de ser o hacer
Me liberé de creencias
Me liberé de cumplir el guión
Para seguir los dictados
De mi cuerpo, mi mente y mi corazón
De mi alma
Los dictados de mi Yo.

75. Déjalo ir

Déjalo ir
Desenlaza
Que no hemos venido a soportar
Sino a volar.

Déjalo ir
Sin dolor
Que no somos dueños
Sino compañeros.

Déjalo ir
El pasado que duele
Llorarlo y perdonarlo-perdonarte
Para poder transformarte.

Déjalo ir
sin rencor
Que no hemos venido a odiar
Sino a amar.

Déjalo ir
Suelto, a dios,
Agradezco el aprendizaje
Y sigo mi viaje.

Encuentro mi Ser
Y ahí consciente
Soy suficiente
Para vivirlo sencillo
Conmigo   Contigo.

76. Sí

Cuántos sí
Me has venido a decir

Cuántos y cuántos sí
Me has venido a permitir

Y no hablo del sí quiero
O el sí, te lo prometo,
Eso está cada día que amanece
Cuando agradezco tenerte

Me refiero a los sí
Que yo no me daba
Y que tú me has impulsado a vivir

A ser niña que juega
A disfrutar de su alegría
A abrazarla y consolarla
Y a creer en su fantasía

A cruzar al lado oscuro
Y ser villanos
Poder reírnos a carcajadas
De nuestras sombras y no en vano

A creer en mí
Sin nada más
Porque sí

A crear lo que quiera

Y a amar sin medir

Donde yo digo no puedo
Tú me dices sí puedes
Y una fuerza que no conocía
Me sale de adentro

Donde yo me veía erróneamente imperfecta
Tú me miras con esos ojos
Y entonces,
Me reconozco bellamente imperfecta

Donde yo pienso que es imposible
Tú me pones la guía y el tempo
Y cuando no veo el camino
Me enseñas a encender mi luz
Que no es invisible, existe

Cuántos sí
Me has venido a decir
Cuántos me has regalado
Para que la vida no pase
Sino que pase yo por ella

Para que sienta
Que gracias a ellos
Y que a través de ti
He podido conocer y experimentar
Otra preciosa forma de vivir

Y en verdad
Se podría resumir en uno solo:

El sí para ser lo que soy
El sí a amar lo que soy
Con todo
Y ahí encontrarme conmigo
Y contigo para vivir

77. El alma se columpiaba

El alma se columpiaba
Allí donde jugaba,
El alma se columpiaba
Cuando experimentaba,
Allí donde despertaba al sentir
Entonces, el alma se columpiaba
En cada latir.

Su cuerpo disfrutaba
Libre,
Su sentir se emocionaba
Con todo,
Su mente se abandonaba
Al fluir.

En el columpio de la vida
Ella era feliz,
El alma se columpiaba
Cuando se dejaba vivir.

78. Solo jugar

Y lo que más me gusta
Sin duda
De ti
De mí contigo
De nosotros
Es que siento que juego
Es que jugamos

Me siento mi niña
Que encuentra a tu niño
Tan traviesos,
Tan en presente puro,
Tan abandonados a lo que suceda
Porque saben que pase lo que pase
Ganar es una certeza

¿Algo parecido a la libertad?
¿Algo así como la felicidad?

No hay pasado, no hay futuro
No hay miedos
No hay que hacer nada
Sólo respirar
Sólo ser
Sólo confiar
Sólo jugar
Sólo amar

79. Navidad es contigo cada día

Navidad
es nacer de tu agua
en tus besos

Navidad es cogerte las manos
Y abrirnos el alma

Navidad es mirar esos ojos
Y flotar en el océano

Navidad es sentir el sol
En cada poro de nuestra piel

Navidad es comunicarnos
En un mismo lenguaje
De humor y amor

Navidad es respirarte
Tan cerca que seamos una sola esencia

Navidad es reconocerte
en cada texto, en cada canción

Navidad es inspirarnos
Y crear

Navidad es leerte el corazón
y llorar y reír de felicidad

Navidad es cerrar los ojos
Y recordarte, sentirte adentro

Navidad es bailar juntos
La música que toca la vida

La Navidad es contigo cada día

80. Ahora puede llorar un río

Y cuando la vida
Se vuelve una mierda
Algo sucede
Que no se puede saltar
Ni evitar
Ni tapar
Que solo se puede
Aceptar

Aaayyy qué difícil aceptar
Primero viene el no mirar
Luego el eso no es naa
Después el yo soy muy fuerte
Y puedo con esto y más
Hasta que te rindes a lo que es
Es una puta mierda que te toca
Vivir y atravesar

Y eres tú el que está ahí
Nadie más
Te rindes por fin a la tristeza
Y a la rabia
Al ¿por qué a mí?
¿Quién lo habrá decidido
Este tan injusto castigo?
¡Lo odio!

Si yo lo estoy haciendo bien
Si no hago daño a nadie
Si lo que sale de mí es amor

Agradecer
¿Cómo puede ser?

Esa tristeza que te ahoga
En tu propio llanto
Muere de pena por esa niña
Ahora sola ante la vida

Esa niña que ahora
Se siente muy pequeña
Y su adulta se lo permite
Ahora puede llorar un río
Porque está acompañada
Se abrazan
Niña y adulta
Se dejan amarse puras.

La vida no es injusta
La vida solo es.

81. Mi estado natural

Mi estado natural
Es estar contigo sin más

O contemplándote
O acariciándote
O besándote
O kamaleándote

Mi estado natural
Es muy animal
A veces manso y otras salvaje
Pero siempre de la vida sencilla
Muy esencial

Aunque también
Es muy racional
Embarcándome a remar en
Teorías, pensamientos, neurosis,
Sin nada que buscar
Solo por el placer de contigo filosofar

Y también es muy emocional
Con intensidad máxima
Reír, llorar, silencios contenidos,
Todas las olas y sus ciclos
En espiral

Mi estado natural
Es ser en todas mis formas contigo,
Sin miedo o con miedo

A que me veas hasta el alma,
Sintiendo que te amo desde adentro
Sintiendo tu amor en mi oxígeno
Solo respirando
Solo siendo
Solo estando.

82. Se rompe la conexión

Se rompe la conexión
Algo sucede
Algo se dice
Y un abismo aparece entre los dos

Y siento que nuestra desconexión
Es tan grande
Tanto o más
Que nuestra conexión

Necesidades opuestas
O distintas
O algún malentendido
Y aparece una nube gris sobre nuestra cabeza
Contándonos una historia de pena o de guerra

Y los segundos parecen años
Estando al otro lado de ti
En la soledad de meditarte
Me duele el alma
No sé vivir así
Me falta el aire
Con esta punzada clavada

Y siento tu escudo rígido
Que evita tocarme o que te toque
Y siento tu mirada que no ve nada
Parecen otros ojos diferentes
A los que me aman,
Y siento tu voz silenciada

Por tu dolor, quizás por la rabia

Tu trato se vuelve frío
Indiferente
Y eso me hace sangrar mi herida
La del rechazo más primario

Ahora me doy cuenta,
Miro mi herida a la cara, la veo
La calmo, la cuido
Me doy yo misma amor

Y te veo a ti
Lidiando con tu dolor igual que yo
A tu manera
Y sólo me sale mandarte amor

Estoy aquí en calma
Esperándote
Solo quiero que esta tormenta pase
Y que volvamos a ser
Kamalo y Kamala

83. Solo arena que viene y va

Y a veces no venimos del mar
Venimos caminando por la arena
Haciendo camino que nos araña
Nos mancha
Y nos pincha

A veces venimos caminando por senderos
Que nos ensucian los pies
De malezas que nos enredan
De piedras que vuelven hacernos tropezar
Que no nos dejan ver
Que es parte del camino sin más

A veces el mar está tan cerca
Pero necesitamos revolcarnos
Primero
En la arena

Y no sé qué pasa contigo
Cuando estamos juntos
Que la arena se transforma
Todo se transforma
Y me acaricia
Me hace cosquillas
Me entrego a ella
Por ti, por mí
Me mancho de ella toda mi piel
Y siento que me gusta también

Y entonces el mar puede esperar
Quiero disfrutar de la arena
Antes del mar

Es arena
Que con el mar se va
Solo arena
Que viene y va

84. Te veo ahí tan cerca

Te veo ahí tan cerca
Y a la vez tan inalcanzable
Casi te alcanzo con mi alma
Pero te escurres y te alejas.

Me veo en tus ojos en oleaje
Me borro el sentido con tus labios
Me confundo entre nuestros fluidos
Me abandono al todo

Pero después me vienen las preguntas
¿Qué sentirá él por dentro?
¿Notará como yo
El amor que se desborda de adentro?

Y no hay respuestas,
La respuesta es lo que sucede,
Presente a presente,
Solo confiar,
Solo amar.

85. Soy mujer, soy lo que quiero ser

Soy mujer,
No soy virgen
Ni maniquí ni florero,
Soy lo que quiero.

Soy mujer,
No soy tuya ni de nadie
Ni puedo con todo
Ni lo pretendo.

Soy mujer,
Puedo hacer lo que quiera ser.

Tengo un cuerpo
Que es mío entero,
Lo disfruto y lo comparto
Con quien yo quiero.

Y en esta sociedad que me exige
Lo que tengo que ser,
Voy desaprendiendo
Lo que me dieron impuesto,
Luchando por mis derechos,
Rompiendo desigualdad
Construyendo equidad,
Con mis pasos
Y sobre todo con mi ejemplo.

Soy mujer,
Soy lo que quiera ser.

Deja de juzgarme
Si no entro en tus ideales
No vine aquí para cumplir tus sueños
Ni tus necesidades
Vine a dar amor sin condición
A ser amada sin tener que dar nada.

Tengo una vida,
No para servirte
No para complacer
Sino para decidir libre
Lo que yo quiero ser

Para decidir libre
A quién me regalo
Con quién me comparto.

Tengo una vida
Para disfrutarla,
Para equivocarme y que no pase nada,
Una vida para vivirla
Sin ser esclava de ideales ni expectativas
Sin reglas de perfección para ser
Solo escuchando lo que grita mi alma
¿Acaso una flor se esfuerza por florecer?

Soy mujer
Soy lo que quiero ser.

86. No te he abandonado

No te he abandonado.
Solo he tomado una decisión
Porque tengo derecho
A decidir sobre mí, sobre mi vida,
Sobre a quién quiero a mi lado.

No soy mala madre
Porque tú ahora desconfíes de mí.
Soy persona, mujer y muy madre ¡sí!
Porque querer lo mejor para mí,
Es lo mejor para ell@s también
Y además de querer a mis hij@s
Me quiero a mí.

No te he destrozado la vida.
No me asignes tanto poder.
Si tu vida depende de mí,
No es vivir, es sobrevivir.

No valgo menos
Por no trabajar fuera
Y criar de tus hij@s.
No es que no trabaje porque no quiera,
Es que tengo derecho a buscar
A darme la oportunidad de encontrar
El trabajo que prefiera.

No me he ido.
Sólo que ya no convivimos.
Aquí estoy.

Por delante el corazón,
llena de coraje
Tan vulnerable como decidida,
Qué pena que sólo
He podido hablar con tu dolor.

Así que no quiero cargar con culpa.
Por favor.
De no cumplir tus sueños,
De no cumplir los ideales.
Los dos hemos sido responsables.

Y si por tu educación emocional de mierda
Y si por tu educación machista que te impregna,
Necesitas golpear para sacar la rabia,
Que sea muy lejos de mí
No quiero sentir miedo si te pones fuera de ti.
(Ni que ningún golpe me agarre a mí).

Quizás aún no lo hayas entendido:
No quiero que dependas de mí,
Ni yo depender de ti.
Ni ser culpable de nada.
Yo decido cómo vivir,
Soy suficiente,
Soy auténticamente.
Me quiero amar
Quiero amar
Libre, Presente
En Paz.

87. No soy una jaula cualquiera

No soy una jaula cualquiera
Porque los límites aquí
Se confunden entre sí.

No soy una jaula cualquiera
Porque soy fuente,
Río y barquera.

No soy una jaula cualquiera
No hay llave
Y la puerta siempre está abierta.

No soy una jaula cualquiera
Siempre el fuego encendido
Para quitarnos el hambre del camino.

No soy una jaula cualquiera
Aquí la vida se disfruta,
Se vive, se juega.

No soy una jaula cualquiera
Aquí la realidad se escribe en versos
Construyendo poesía de cada beso.

No soy una jaula cualquiera
Aquí la vida se toca y se canta
Creando a cada paso un mantra.

No soy una jaula cualquiera
Soy diosa en la tierra y

Un cielo lleno de estrellas.

No soy una jaula cualquiera
Porque floto en el océano
Y se vuela desde fuera.

No soy una jaula cualquiera
Porque no hay jaula
Solo presente y presencia
Solo amor y alma
Solo yo, unión verdadera.

Y es que en verdad no soy jaula
Soy nido
Construído ramita a ramita
Donde vivo contigo.

88. ¿Qué puedo hacer para seguir?

Cuando vives algo alucinante
Experimentas algo palpitante
Ya no hay vuelta atrás
Ya eres diferente para siempre
Y un reto en la mente
Aprender a valorar el presente
Y que lo que hay ahora
Si no es eso
Te sea suficiente

¿Cómo vivo ahora
Después de descubrir tanta belleza,
Después de besar al presente
Rendirme a la magia de la incertidumbre
Curiosidad y originalidad
Soltándome al experimentar sin más?

¿Cómo vivo ahora
Después de cruzar a la conciencia
De admirar lo que me rodea
Al contemplar y meditar
Todo el firmamento de estrellas
Sintiéndome parte sin más?

¿Cómo vivo ahora
Después de conocer la libertad
De entregarme desnuda
Tan frágil y tan poderosa
Al río y a la montaña,
(A ti)

Sintiéndome tan perfecta sin más?

Dime, por favor,
¿Qué hago después
De sentirme tan naturaleza
Tan en equilibrio (contigo)
Tan en conexión (contigo)
Tan plena (contigo)
Sin ningún esfuerzo
Haber abrazado a la vida llena de paz?

Dime,¡¡¡ ayúdame por favor!!!

¿Cómo puedo hacer
Para reconciliarme con mi yo
Que no buscó antes toda esta inmensidad por miedo,
Por quedarse con el bien
En lugar del descubrimiento?

¿Cómo puedo hacer yo
Para amar mi camino
Mi historia
Sus caídas y sus frutos
Con ese sentir de que no decidía
Solo que iba a la deriva?

¿Qué puedo hacer
Ahora que me veo, también,
Desde la conciencia,
Llena de miedos,
De creencias limitantes
De automatismos que vuelven,

La rabia por no poder controlar
A la niña que se encierra
Y que no se perdona?

¿Cómo vivo yo ahora sin ti
Después de amarte
Unidas nuestras manos
Subiendo al origen
Y bajando al fin?

Dime, ahora que veo todo,
La maravilla y el sufrimiento,
La vida y la agonía,
¿Qué puedo hacer para seguir?

89. Gracias por ser, gracias por estar

Gracias por ser
Sol
Por tanta luz
Que me ha hecho descubrirme
Tan poderosa como una diosa
Por tanto calor
Que me ha llenado
Mi alma vacía de mi amor

Gracias por ser
Presente
Por tanta presencia
Donde el tiempo se vuelve eterno
Por tanta vida dentro de otra vida
Que me conecta directa
Con mi esencia

Gracias por ser
Océano
Que se funde constantemente con mi océano
Que permite todas sus olas
Acepta todas las olas
Pero que sigue fiel a su instinto
A veces lento, a veces rápido,
Pero decidido

Gracias por ser
Fuego
Que enciende mi energía
Con susurros al oído

Que quema lo viejo y los miedos
Abriendo nuevos caminos

Y Gracias por estar,
Por elegir estar conmigo cada día
Por llenarme de tantas ilusiones
Y tanta belleza de realidad,
Desnudarme de tantas capas
Hasta descubrir tras ellas mi alma
De escritora y poeta
Y encendernos la vida
Llenarnos de amor sin medida
En libertad.

90. No tendrá vuelta atrás

Cómo saber si tengo
Que hacerle caso al miedo
Cómo saber si me está protegiendo
Para evitarme dolor
O viene a paralizarme
Y no con la vida dejarme

Me cuento que no seré feliz
Porque dependo de tenerlos
Que no sé dibujar mi vida
Yo sola, sin apegos

La tristeza me consume
No encuentro la dirección
Hacia dónde dirigir mis pasos
Definir mi decisión

Siento que toca soltar
Y no puedo del miedo
Que cualquier camino
Me voy a equivocar

Me ahoga pensar
Que el soltar
No tendrá vuelta atrás
¡Pero quiero soltar!

Y solté
Y entonces aprendí que si confias
La vida te guía

91. Abraza lo que eres

Abraza lo que eres
Tu luz pero también tu sombra
Pregúntale con cariño
Qué le pasa
Sin querer arrancarla de ti
Solo respirarla

¿Puedes abrazarla?
¿Puedes mirarla con compasión?
¿Puedes dejar de pelearte contigo?
¿Con tu pasado
Con tu familia
Con tu historia
O con partes que son de ti?
Date el permiso
Abrázalas

Esa parte que te destruye
Que no te gusta de ti
Esa parte que te hace sufrir
Es una parte tuya
Que merece escucha
Atención
Que merece amor

No la rechaces por favor
Si queremos amarnos
Tal y como somos
Hay que mirarla a la cara
Abrazarla

Y desde ahí
Ir hacia lo nuevo
Construyendo tu propio camino
No amando la meta
Sino amando
Cada paso

Ir hacia lo nuevo
Construyendo tu ser
No apartando lo viejo
O lo que no quieres de ti
Sino esculpiéndote sobre el barro
Que te vio nacer

92. Te buscaría hasta encontrarte

Antes cuando me miraba
Emergía rabia
Tristeza
Muchos sueños
Casi todos inalcanzables
Que ansiaba alcanzar
Pero no hacía nada
Mucha culpa
Sobre todo fuera de mí
Me veía víctima
En inercia sin control sobre mi vida
Incapaz de cambiar mi realidad
Insuficiente para todos
Pero sobre todo para mí
En infinitas críticas y quejas
Sólo cabía resignarse a todo
Y a mí

Poco a poco fui descubriéndome
Detrás del miedo
Y allí sentada fui mirando adentro
Detrás del ruido
Me habló el silencio
Detrás de la máscara
Me habló la piel
Detrás del miedo
Estaba yo pura sin tiempo

Ahora emerge todo
Y también felicidad

Como si estuviera abierta en canal
El silencio me remueve lo que siento
Sea tristeza, rabia, alegría o paz
A veces lloro por tener que aceptar
A veces lloro de felicidad
No necesito sueños
Porque vivir cada día ya lo es
No hay culpa fuera
Porque me responsabilizo yo de mi vivir
No hay víctima
Sino guerrera del amor
No hay incapacidad
Solo dar otro paso más
Soy suficiente así por respirar
Agradecimiento de todo
A mí

Ahora cuando miro
Me veo
Ya no estoy escondida
Ni huyo de mí
Noto mi energía
Cómo recorre todo mi cuerpo
En cada inhalación y exhalación
Ahora me reconozco
Si volviera a nacer
Te buscaría hasta encontrarte
Más allá del miedo de nuevo
Porque ya sé lo que quiero
A mí

Agradecimientos

Este libro va dedicado a todas aquellas personas que han visto alguna vez en mí poesía, y a aquellas que han sido y son poesía para mí, en especial a mis abuelas Antonia y Roquita, porque de ellas heredé el gusto por las letras y la rima; a mis padres, Salvador y Mari Carmen, porque sin ellos no estaría aquí ni sería la que soy; a mis hijas, Julia y Alma, por ser mis grandes maestras y mi energía vital cada día; a Juanpe, por ser inspiración infinita, apoyo y mi impulsor hacia la creación; a mi hermano Salva, porque sé que me levanta y me levantaría siempre del suelo; a Teresa, Vanessa y a toda mi familia gestáltica, por sacarme de mi escondite y mostrarme tan bonito mi valor y mi esencia; y a mis amigos y amigas, de hoy y de ayer, los que siempre tienen para mí una mirada cómplice y amorosa. Por último, quería dedicármelo a mí, por escribir lo que soy, y tener el coraje de compartirme con el mundo.